Bibliografische Information der Deutschen Nationalbibliothek:

Die Deutsche Nationalbibliothek verzeichnet diese Publikation
in der Deutschen Nationalbibliografie.
Detaillierte bibliografische Daten sind im Internet
über http://dnb.d-nb.de abrufbar.

1 2 3 4 5 E D C B A

Ravensburger Leserabe
Diese Ausgabe enthält die Bände „Im Feenwald"
von THiLO mit Illustrationen von Almud Kunert und
„Fee Federleicht und das Einhorn" von Annette Neubauer
mit Illustrationen von Betina Gotzen-Beek
© 2010, 2015, Ravensburger Buchverlag Otto Maier GmbH

© 2018 für diese Sonderausgabe
Ravensburger Buchverlag Otto Maier GmbH
Postfach 18 60, 88188 Ravensburg

Umschlagbild: Betina Gotzen-Beek
Konzeption Leserätsel: Dr. Birgitta Redding-Korn
Gestaltung und Satz: bieberbooks
Design Leserätsel: Sabine Reddig

Printed in Germany
ISBN 978-3-473-36541-8

www.ravensburger.de
www.leserabe.de

1. Lese-stufe

THiLO • Annette Neubauer

Feenabenteuer zum Lesenlernen

Mit Bildern von Almud Kunert
und Betina Gotzen-Beek

Ravensburger Buchverlag

Inhalt

THiLO

Im Feenwald

Mit Bildern von Almud Kunert

Inhalt

Traurige Ferien

Langsam ruckelt der Reisebus
durch den Wald.
Anna schaut traurig
aus dem Fenster.

Dabei hatte sie sich so
auf ihre Ferien gefreut!
Zusammen mit vielen anderen Kindern
fährt sie ins Sommerlager.

Eigentlich sollte ihre beste Freundin
mitkommen.
Aber jetzt hat Maike die Masern!

Die anderen Mädchen lachen
und spielen Karten.
Anna kennt niemanden.

Als der Bus ankommt,
stürmen alle Mädchen
zum Tischtennisraum.
Keiner fragt,
ob Anna mitspielen will.

14

Geknickt geht Anna
hinters Haus.
Sie muss an Maike denken.
Und ganz viel an Mama und Papa.

„Hoffentlich sind die Ferien
bald vorbei!", klagt Anna.
Bekümmert hockt sie sich
auf einen dicken Stein.

„Pssst!", wispert da plötzlich
eine feine Stimme.

Anna traut ihren Augen nicht.
Zwei Feen tanzen um ihren Kopf!
Beide nur so groß wie ein Daumen.

„Ich heiße Bruna!",
stellt sich die blonde Fee vor.
„Und das ist Amanda!"

Die Fee mit den schwarzen Haaren
setzt sich auf Annas Hand.
„Du musst uns helfen!", bittet sie.
„Es geht um unsere Königin!"

Anna staunt.
„Aber wie?", fragt sie.
„Mund auf!", kommandiert Amanda.

Dann wirft die Fee Anna
eine Beere in den Mund.
Es macht BUFF!
und Anna ist genauso klein
wie die Feen!

Ein zauberhafter Flug

Anna schüttelt verwirrt den Kopf.
Der Fliegenpilz neben ihr ist jetzt
so groß wie ein Baum!

20

„Lass mich mal durch!",
ruft eine Schnecke.
„Ich kann nicht bremsen!"

Amanda kichert.
„Du machst aber
ein komisches Gesicht!",
sagt sie.

Beide Feen geben Anna die Hand.
Dann fliegen sie
über eine bunte Blumenwiese.
In der Luft flattern
viele Schmetterlinge.

„Was ist denn eigentlich los?",
fragt Anna nach einer Weile.

Bruna und Amanda sehen sie ernst an.
„Königin Liliana ist krank!",
berichtet Amanda besorgt.

23

„Alle Feen suchen
die lila Zauberblume",
erzählt Bruna.
„Nur ihre Blätter
können Liliana heilen!"

Anna runzelt die Stirn.
„Oje!", stöhnt sie. „Mit Blumen
kenne ich mich nicht gut aus!"

24

Bruna schüttelt den Kopf.

„Wir haben die Blume schon gefunden",
antwortet die Fee.

„Aber es gibt da ein Problem!"

Vorsichtig landen die Feen
an einer Felsspalte.
Anna schielt in die Tiefe.
Da blitzt etwas lila!

„Das ist die Zauberblume!",
klärt Bruna auf.
„Aber die Spalte ist zu eng,
um hineinzufliegen!"

Bruna legt ihren Arm
um Annas Schulter.
„Nur zu dritt können wir
die Zauberblume pflücken."

Als sich Anna umdreht,
schreit sie laut auf.
Hinter ihnen lauert
eine riesige Spinne!

Eine schwere Aufgabe

„Schnell weg hier!", kreischt Anna.
„Die Spinne will uns fressen!"
Schnell springt sie
hinter einen Steinpilz.

Amanda und Bruna kringeln sich
vor Lachen.
Und die Spinne lacht lauthals mit.

Amanda holt Anna aus ihrem Versteck.
„Das ist unsere Freundin Spinderella,
die sechsbeinige Zauberspinne!"

Spinderella nickt.

Sie hat besonders dicke Fäden
gesponnen.

„Die leihe ich euch!", brummt sie.

Die Feen binden Anna zwei Fäden
um den Bauch.
Dann lassen sie
das Menschenmädchen
in die Tiefe gleiten.

Tiefer und tiefer geht es hinab
in die Spalte.
Annas Herz klopft wild.

Endlich erreicht sie
die lila Zauberblume.
„Ich hab sie!", ruft Anna fröhlich.

Mit vereinten Kräften ziehen die Feen
ihre Freundin wieder nach oben.
Sogar Spinderella hilft mit.

Vor Freude hüpfen und tanzen alle
durch den Klee.

„Schluss jetzt!", mahnt Bruna.
„Liliana kann nicht länger warten!"

Im Palast der Feenkönigin

Wie der Wind fliegen die Feen
durch den Wald.

Vor einem uralten Ahornbaum
landen sie.
Unter seinen Wurzeln ist ein Loch.
„Das ist der Eingang zum Palast!",
erklärt Bruna.

Lange wandern die drei
durch die Gänge.
Glühwürmchen leuchten ihnen.

Endlich kommen sie
in einen großen Saal.
Anna steht der Mund auf
vor lauter Staunen.

Der ganze Raum ist
ein einziger Kristall!
Er leuchtet wie ein Regenbogen.

„Verehrte Königin!", säuselt Amanda.
Mitten im Saal steht
ein großes Himmelbett.

Unter einem Ahornblatt liegt Liliana.
Die Feenkönigin ist wunderschön,
findet Anna.
Aber ihr Gesicht ist blass.

„Das Menschenmädchen hat
deine Medizin gepflückt!", sagt Bruna.
Langsam geht Anna zu dem Bett.

Sie nimmt ein Blütenblatt.
Vorsichtig schiebt sie es der Königin
zwischen die bleichen Lippen.

Schon nach den ersten Bissen
lächelt Liliana.
Und als die ganze Blume verzehrt ist,
setzt sie sich auf.

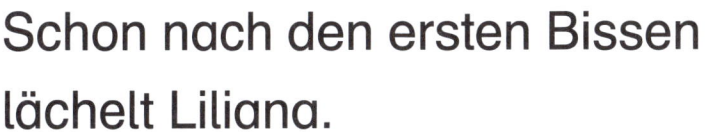

„Du bist ein gutes Kind!",
haucht sie Anna entgegen.
„Ich werde dir deinen größten Wunsch
erfüllen!"

Mit einer tiefen Verbeugung
verabschiedet sich Anna.

„Was soll ich mir bloß wünschen?",
grübelt Anna.
Vom Rückflug bekommt sie
gar nichts mit.

„Wir sind da!", ruft Amanda plötzlich.
Sie stehen vor einem großen Haus.

„Ach ja!", fällt es Anna wieder ein.
„Ich bin ja im Sommerlager!"

44

„Mund auf!", kommandiert Amanda.
Sie wirft Anna eine Beere
in den Mund.
BUFF! ist sie wieder
so groß wie früher.

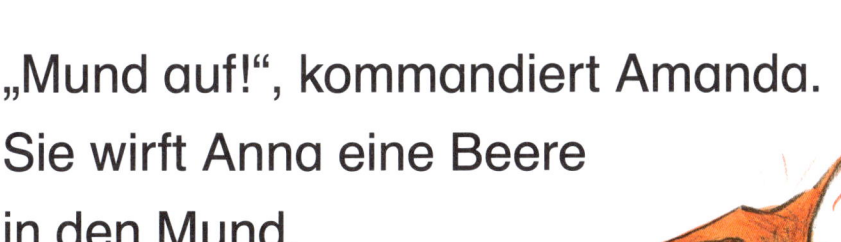

„Vielen Dank noch mal!",
wispern die beiden Feen.
„Und guck nicht so traurig!"
Dann schwirren sie davon.

„Am besten wünsche ich mich
nach Hause!", denkt Anna.
Da steht mit einem Mal Lisa vor ihr.
Das Mädchen saß im Bus neben Anna.

„Hey, da bist du ja, Anna", sagt sie.
„Ich habe dich schon überall gesucht.
Spielst du mit Verstecken?"

Anna lacht.

Eine Freundin –

das war wirklich ihr größter Wunsch!

„Gern!", stimmt Anna zu.

„Manche Dinge kann man eben

nicht allein machen!"

Annette Neubauer

Fee Federleicht und das Einhorn

Mit Bildern von Betina Gotzen-Beek

Inhalt

Die traurige Fee

Wie jeden Morgen trabt Rosalie,
das kleine Einhorn, zum Bach.
Es will Wasser trinken.
Mmh! Das tut gut!

Rosalie schüttelt ihre Mähne
und wiehert laut.

Dabei blinkt ihr Horn in der Sonne.
Doch plötzlich stutzt sie.
Etwas ist anders als sonst.

Rosalie sieht sich um.
Die Blumen blühen,
die Beeren hängen an den Sträuchern
und die Bäume spenden Schatten.

Alles ist so wunderbar wie immer.
Wirklich alles?

Es riecht nach Moos und Tau,
Holz und Laub.
Nichts Besonderes liegt in der Luft.
Wirklich nicht?

Die Vögel singen, die Blätter rascheln
und … von irgendwoher kommt
ein leises Wimmern.

„Nanu?", wundert sich Rosalie
und hebt den Kopf.

58

Auf einem Ast sitzt eine Fee.
Sie verbirgt ihren Kopf in den Armen.
„Was machst du da?", ruft Rosalie.

„Ich bin traurig",
antwortet ein dünnes Stimmchen.
„So, so. Und wie heißt du?",
fragt Rosalie.

„Mein Name ist Fee Federleicht,
weil mein Gewicht der Feder gleicht."

„Komm runter, Federleicht,
damit ich dich trösten kann",
sagt Rosalie.

„Nenn mir erst deinen Namen",
erwidert Federleicht.

„Meinen Namen rätst du nie!
Ich bin das Einhorn Rosalie."

„Wenn du mich wirklich trösten willst",
sagt die Fee
und zieht die Nase hoch,
„dann wünsch' dir etwas von mir."

Rosalie muss nicht lange überlegen.
„Ich wünsch' mir auf der Stirne vorn
'nen goldnen Reif auf meinem Horn."

Als die kleine Fee den Wunsch
gehört hat, murmelt sie etwas
und schwingt ihren Zauberstab.

Glitzerstaub breitet sich aus
und hüllt Rosalie ein.

64

„Juhu! Ich habe
einen goldenen Schweif", ruft Rosalie,
als die funkelnden Staubkörner
wieder verschwunden sind.

„Siehst du", sagt Federleicht enttäuscht.
„Ich habe dir einen Schweif
und keinen Reif gezaubert.

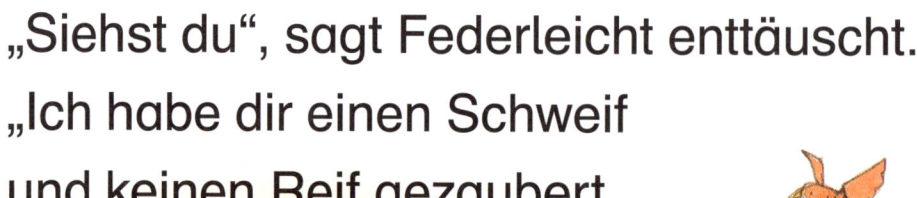

Immer verklecksele, ach,
verwechsele ich alles.
Deswegen wünscht sich auch nie
jemand etwas von mir."

66

Doch Rosalie hört Federleichts Worte
gar nicht.

Vor lauter Freude hüpft sie
zwischen den Bäumen umher
und wedelt stolz
mit ihrem goldenen Schweif.

Eine Mütze für die Grütze

Da kommt ein Troll des Weges.
Schnell springt Rosalie
hinter einen Stamm
und Federleicht versteckt sich
hinter einer Wurzel.

Denn Trolle sind dafür bekannt,
dass sie anderen gern Streiche spielen.

„Ach, ich habe einen Mordshunger!",
stöhnt der Troll
und reibt sich den Bauch.

Er beugt sich zu den Sträuchern hinunter,
die am Wegrand wachsen,
pflückt eine Beere ab
und steckt sie sich in den Mund.

„Ich wünsche mir nichts mehr
als einen Topf voll Grütze her."

70

Rosalie zwinkert Federleicht zu.
Die Fee nickt und schwingt erneut
ihren Zauberstab.
Feiner Glitzerstaub umhüllt den Troll.

„Nanu, was ist denn das?",
ruft der Troll erstaunt,
als sich der Staub auflöst.

Er greift an seinen Kopf
und nimmt seine Mütze ab.

„Eine Mütze für die Grütze!", ruft er.
„Darin sammele ich Beeren
und zu Hause koche ich Grütze
für alle Trolle im Wald.
Das wird ein Festessen!"

Der Troll pflückt die Früchte
von den Sträuchern
und zieht fröhlich weiter.

Stachelschwein mit Spinnenbein

„Schon wieder alles schiefgelaufen,
ich könnte mir die Haare raufen",
sagt Federleicht traurig.

Bevor Rosalie antworten kann,
ertönt ein leises Brummen am Himmel.

Es wird lauter und lauter.
Verwundert schauen
Federleicht und Rosalie nach oben.

Zwischen den Bäumen
fliegt ein Besen.
Darauf sitzt eine Hexe.

„Ha, ha, ha, ha, haaa!
Hier kommt die Hexe Paprika!",
kreischt sie laut. „Oh, la, la!
Wen haben wir denn da?"

Hexe Paprika rast auf zwei Raben zu,
die erschrocken die Köpfe einziehen.

Die Eichhörnchen springen
in die Baumhöhlen
und die Mäuslein huschen
unter die Sträucher.

„Ach, diese Spielverderber!",
ruft Paprika ärgerlich.
„Wartet nur!
Verstecken nützt euch gar nichts."

Sie fliegt in die Höhe,
nur um einen Augenblick später
wie eine Rakete nach unten zu schießen.

„Hokuspokus Zauberblech!", ruft sie,
während ihr Rock im Wind flattert.
„Ich wünsche allen großes Pech."

Sofort schwingt Federleicht ihren Stab
und spricht einen Zauberspruch.
Rosalie ruft erschrocken: „Nein, nicht!"

Aber es ist zu spät!
Schon wird die Hexe
von einer Glitzerwolke eingehüllt.

Plötzlich wird die kleine Fee
ganz blass.

„O weh!", ruft sie verzweifelt.
„Hoffentlich habe ich dieses Mal
richtig gezaubert."

Da löst sich die Wolke um Hexe Paprika
wieder auf.
Der Besen torkelt in der Luft.
Die Hexe kreischt schauerlich
und klammert sich an ihm fest.

Rums!

Der Besen fliegt gegen einen Baum.

Die Hexe landet unsanft auf dem Boden.

Ihr Hut ist verrutscht und verbeult.

Der Besen ist in zwei Teile gebrochen.

„Verflixtes Stachelschwein
mit Spinnenbein!",
schimpft die Hexe vor sich hin
und rappelt sich auf.

„Verdammter, verfluchter,
dreckiger Dreck,
dreimal elendes Pech
mit faulem Speck!",
flucht sie weiter.

Alle Wünsche werden wahr

Rosalie hüpft um Federleicht herum
und singt:
„Fee Federleicht wird sie genannt,
die beste Fee im ganzen Land!"

„Auf einmal klappt es", sagt Federleicht
und schwingt ihren Stab.
„Und dass ich wirklich zaubern kann,
sieht deinem Reif gleich jeder an!"

Schon wird Rosalie
von einer Wolke eingehüllt.

Als Rosalie wieder sehen kann,
beugt sie sich über den Bach.
Ein wunderschöner goldener Reif
glänzt an ihrem Horn.

„Alle Wünsche werden wahr!",
ruft die kleine Fee vom Ast.
„Das ist einfach wunderbar!"

Leserabe Leserätsel

Rätsel 1

Im Feenwald

Welches Wort stimmt? Kreuze an!

Annas beste Freundin hat
- ○ Malaria
- ○ Mumps
- ○ Masern

Die Feenkönigin heißt
- ○ Lilli
- ○ Liliana
- ○ Lisbeth

Spinderella ist eine
- ○ Spinne
- ○ Springmaus
- ○ Sprotte

Rätsel 2

Im Feenwald

Findest du die richtige Seite? Trage die Zahl ein!

Auf Seite ___ steht ein Mal **Steinpilz**.

Auf Seite ___ steht ein Mal **Klee**.

Auf Seite ___ steht ein Mal **Verstecken**.

Fee Federleicht und das Einhorn

Welche Buchstaben fehlen im Raster?
Fülle die Kästchen aus!
Schreibe Großbuchstaben:
Einhorn ➜ EINHORN

Fee Federleicht und das Einhorn

Fülle die Lücken aus. Trage die Buchstaben in die richtigen Kästchen ein. So findest du das Lösungswort für die Rabenpost heraus!

Fee Federleicht zaubert Rosalie einen goldenen

| S | C | H | | | ₂ | |

. (Seite 65)

Der Troll pflückt eine

| B | | | ₄ | E |

. (Seite 70)

Die Hexe Paprika verbeult ihren

| ₃ | | T |

. (Seite 84)

Rosalie wird von einer

| | O | | K | ₁ |

eingehüllt.
(Seite 88)

| ₁ | ₂ | N | ₃ | O | ₄ | O |

Rabenpost

Herzlichen Glückwunsch!

Du hast das ganze Buch geschafft und
die Rätsel gelöst, super!!!

Jetzt ist es Zeit für die Rabenpost.
Wenn du das Lösungswort herausgefunden hast,
kannst du tolle Preise gewinnen!

Gib es auf der  Website ein

▶ www.leserabe.de,

mail es uns ▶ leserabe@ravensburger.de

oder schick es mit der Post.

Lösungswort:

An
den LESERABEN
RABENPOST
Postfach 2007
88190 Ravensburg
Deutschland

Lesen lernen mit Spaß!

Das Lesestufenmodell

Darauf fliegen Ihre Kinder!

Im Alter zwischen 5 und 9 Jahren passiert in der Entwicklung eines Kindes hinsichtlich ihrer Vorlieben, Sehgewohnheiten und Bedürfnissen eine Menge! Auch der Leselern-Prozess ist sehr differenziert. Deshalb orientiert sich jede Lesestufe an den individuellen Bedürfnissen ihrer Leser.

1. Lesestufe
ab 1. Klasse

- Einfache Texte
- Extragroße Fibelschrift
- Leserätsel für Leseanfänger

Bestätigen
Lesemotivation durch Belohnungssticker

Hanna, 6 Jahre alt:
Hanna freut sich riesig auf's Lesenlernen. Endlich darf sie auch in die Schule gehen.

2. Lesestufe
ab 2. Klasse

- Geschichten mit kurzen Kapiteln
- Große Fibelschrift
- Leserätsel für Fortgeschrittene

Begleiten
Leseverständnis durch Textfragen

Max, 7 Jahre alt:
Max kann schon gut lesen. Er freut sich auf die ersten spannenden Abenteuergeschichten.

3. Lesestufe
ab 3. Klasse

- Geschichten mit längeren Kapiteln
- Fibelschrift
- Leserätsel für Leseprofis, Glossar

Bestärken
Lesekompetenz durch erweiterten Wortschatz

Lukas, 8 Jahre alt:
Wenn die Geschichten cool sind, macht selbst Lukas Lesen Spaß!

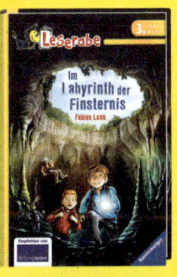

**Auf geht's ins
Lese-Abenteuer!**

Bestätigen

Die 1. Lesestufe spricht Kinder an, die mit dem Leselern-Prozess begonnen haben. Um für Ihr Kind ein positives Lese-Erlebnis zu schaffen, wird es hierbei besonders **bestätigt** und seine Leseleistung **belohnt**: Nach jedem gelesenen Kapitel darf es einen Leserabe-Sticker ins Buch kleben und kann dadurch seinen geschafften „Leseweg" verfolgen.

1. Lesestufe
ab 1. Klasse

• Einfache und kurze Textabschnitte
• Extragroße Fibelschrift
• Leserätsel für Leseanfänger

✔ **Bestätigen: Lesemotivation durch Belohnungssticker**

Das kleine Mädchen
reibt sich die Stirn.
Es grinst Lara an.
„Ich bin die Elfe Fritzi", sagt sie.
„Und du hast ein blödes Fenster!"

Geschafft!
Hier kannst du
den ersten Sticker
einkleben!

Kapitel 1

Laras Herz klopft.
„Wer bist du?", fragt sie.
„Hast du dir wehgetan?"

10

11

Bestätigen:
Lesemotivation durch
Belohnungssticker

Leserabe Leserätsel

Rätsel 1 — Seltsam, seltsam

Welches Wort stimmt? Kreuze an!

Laras Nachthemd ist
- ○ rot
- ○ rostig
- ○ rosa

Elfen können
- ○ fluchen
- ○ fliegen
- ○ fischen

Lara und Fritzi naschen beide
- ○ Kirschen
- ○ Kuchen
- ○ Karotten

Rätsel 2 — Zahlen, Zahlen

Findest du die richtige Seite? Trage die Zahl ein!

Auf Seite ___ steht ein Mal **Strickjacke**.

Auf Seite ___ steht zwei Mal **Kröten**.

Auf Seite ___ steht zwei Mal **Hilfe**.

Rätsel 3 — Kreuz und quer

Fülle die Kästchen aus!
Schreibe Großbuchstaben:
Elfe → ELFE

40

41

Heb ab in die Geschichten-Welt!

Begleiten

In der 2. Lesestufe werden besonders die Leseflüssigkeit und das Textverständnis Ihres Kindes trainiert. Durch interaktive Textfragen wird Ihr Kind durch die Geschichte begleitet und setzt sich intensiv mit dem Inhalt auseinander. Spannende und lustige Geschichten sorgen für Lesemotivation und Lesespaß.

2. Lesestufe
ab 2. Klasse

- Geschichten mit kurzen Kapiteln
- Große Fibelschrift
- Leserätsel für Fortgeschrittene
- ✔ Begleiten: Leseverständnis durch Textfragen

Und da juckte auch was.
Fühlte sich an wie ein Pickel.
Nein, zwei Pickel.
Komisch. Es blutete auch.
Und plötzlich wusste ich ganz
genau, was da auf meinem Bett
gesessen hatte.
Plötzlich dämmerte mir
die schreckliche Wahrheit:
Ein Vampir hatte mich gebissen!

Frage Ein Vampir! Glaubst du das?
Was könnte es noch gewesen sein?

8

Guter Rat

Ich sprang aus dem Bett
und rannte ins Bad.
Dort betrachtete ich
meinen Hals im Spiegel:
Kein Zweifel!
Da waren zwei rote Pusteln
direkt nebeneinander.
Und Spuren von Blut…

9

Begleiten:
Leseverständnis durch
Textfragen und Leserätsel

Leserabe Leserätsel

Rätsel 1 Viel zu viele Buchstaben!

Streiche die Buchstaben, die zu viel sind.

Knibobalauch

Vimampoir

Bliutwiurost

Rätsel 2 Wörter ohne Grenzen

Wie viele Wörter aus der Geschichte
findest du?

VAMPIRGRUFTSARGUMHANGBLUT

☐

HALSBLUTPUSTELNBADMÜCKENSTICH

☐

Wörter im Versteck **Rätsel 3**

Insgesamt sind sechs Wörter versteckt.
Kreise sie ein.

B	L	U	T	Z	A
E	C	P	H	Ä	G
T	G	M	I	H	R
T	O	A	J	N	U
F	K	M	D	E	F
B	N	A	C	H	T

Für Vampir-Experten **Rätsel 4**

Wer kennt sich aus mit Vampiren?

Vampire mögen die _____ und hassen das
_____. Sie lieben _____ ! Der Geruch
von _____ dagegen macht sie ganz krank.

Lösungen:
Rätsel 1: Ohrg bleiben Knoblauch, Vampir, Blutwurst
Rätsel 2: Vampir, Gruft, Sarg, Umhang, Blut
Hals, Blut, Pusteln, Bad, Mückenstich

Lösungen:
Rätsel 3: Blut, Zähne, Gruft, Nacht, Bett, Mama
Rätsel 4: Nacht, Tageslicht, Blut, Knoblauch

101

3. Lesestufe

So wirst du zum Überflieger!

Bestärken

In der 3. Lesestufe wird die Lesefähigkeit Ihres Kindes ausgebaut, um anstrengungsfrei längere und ungeübte Texte lesen zu können. Ihr Kind wird nun in seinem Können besonders **bestärkt**. Durch altersgerechte Themen wird der Lesespaß Ihres Kindes erhöht und über ein Glossar der Wortschatz spielerisch erweitert.

3. Lesestufe
ab 3. Klasse

- Geschichten mit längeren Kapiteln
- Fibelschrift
- Leserätsel für Leseprofis, Glossar

✓ **Bestärken: Lesekompetenz durch erweiterten Wortschatz**

Keine Angst vor schwierigen Wörtern, sie werden im Glossar erklärt

Leserabe

Glossar

Nationalpark
Schutzgebiet für seltene Tiere und Pflanzen

Speläologe
Höhlenforscher

Guide [sprich: Gaid]
Reiseführer

Sandwiches [sprich: Sändwitschis]

Krater
riesiges Loch in der Erde

Stollen
unterirdischer Gang in einem Berg oder einer Höhle

Stalagmiten
Tropfsteine in einer Höhle, die nach oben wachsen

Stalaktiten
Tropfsteine in einer Höhle, die nach unten wachse

57

Am Lagerfeuer sitzt bereits Robin. Der Engländer lebt seit vielen Jahren in Vietnam, kennt sich im Nationalpark bestens aus und verdient sein Geld als Fremdenführer, als Guide. Ted hat ihn für diese Tour angestellt.
„Wollen Sie auch einen Kaffee, Ted?", fragt Robin freundlich.
Der Höhlenforscher nickt.
Sie scharen sich ums Feuer. Für Jason und Phil gibt es Orangensaft. Aus einer Kühlbox zaubert Robin Sandwiches und verteilt sie.
„Wann geht's denn endlich los?", fragt Phil.
„Wir müssen erst die Ausrüstung genau prüfen. Klettergurte, Karabiner, Seile, Anker, Helme, Stirnlampen, Batterien, Wasser, Proviant und natürlich die Kameras!", erklärt sein Vater.

8

„Und das Funkgerät", ergänzt Robin.
„Das ist der letzte Draht zu unserer Welt."
Endlich ist es so weit. Angeführt von Robin verlassen sie die kleine Lichtung.
Alle tragen Rucksäcke.
Sie marschieren über einen schlammigen Trampelpfad, bahnen sich den Weg durch meterhohe Farne und Bambus. Immer wieder muss Robin die Machete einsetzen.

9

Bestärken:
Durch erweiterten Wortschatz Lesekompetenz stärken

Leserabe Leseratsel

Checkliste

Die wichtigsten Fragen zur Geschichte:
Wer · Was · Wo · Wie · Warum

Wer ist verdächtig?
- [ ] Jason **B**
- [ ] Robin **K**

Was ist das Problem?
- [ ] In der Höhle ist ein Wolf. **M**
- [ ] Die Forscher sind in der Höhle gefangen. **A**

Wo ist es geschehen?
- [ ] In Vietnam in einem Nationalpark. **T**
- [ ] In England in einem Tierpark. **I**

Wie ist es passiert?
- [ ] Die Forscher haben ihr Funkgerät verloren. **F**
- [ ] Das Seil ist gestohlen worden. **E**

Warum ist das passiert?
- [ ] Robin will keine Mitwisser. **R**
- [ ] Robin hat die Forscher vergessen. **V**

Lösungswort

R _ _ _ _

Alle Fragen richtig beantwortet?

Dann ist es Zeit für die Rabenpost.
Wenn du das Lösungswort herausgefunden hast, kannst du tolle Preise gewinnen!

Gib es auf der **Leserabe** Website ein
► www.leserabe.de

oder mail es uns ► leserabe@ravensburger.de

58

59

103

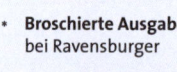
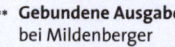

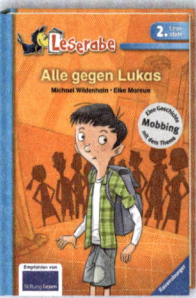

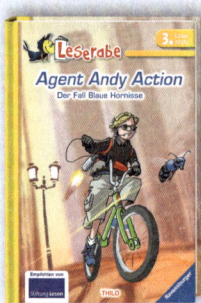